essentials

Essentials liefern aktuelles Wissen in konzentrierter Form. Die Essenz dessen, worauf es als „State-of-the-Art" in der gegenwärtigen Fachdiskussion oder in der Praxis ankommt. *Essentials* informieren schnell, unkompliziert und verständlich

- als Einführung in ein aktuelles Thema aus Ihrem Fachgebiet
- als Einstieg in ein für Sie noch unbekanntes Themenfeld
- als Einblick, um zum Thema mitreden zu können

Die Bücher in elektronischer und gedruckter Form bringen das Fachwissen von Springerautor*innen kompakt zur Darstellung. Sie sind besonders für die Nutzung als eBook auf Tablet-PCs, eBook-Readern und Smartphones geeignet. *Essentials* sind Wissensbausteine aus den Wirtschafts-, Sozial- und Geisteswissenschaften, aus Technik und Naturwissenschaften sowie aus Medizin, Psychologie und Gesundheitsberufen. Von renommierten Autor*innen aller Springer-Verlagsmarken.

Richard T. Justenhoven ·
Maximilian Jansen

Employee Experience

Erfolgreiche Strategien mit GBU
Psyche und KI

Springer Gabler

Richard T. Justenhoven
Hamburg, Deutschland

Maximilian Jansen
Hamburg, Deutschland

ISSN 2197-6708   ISSN 2197-6716 (electronic)
essentials
ISBN 978-3-658-45770-9   ISBN 978-3-658-45771-6 (eBook)
https://doi.org/10.1007/978-3-658-45771-6

Die Deutsche Nationalbibliothek verzeichnet diese Publikation in der Deutschen Nationalbibliografie; detaillierte bibliografische Daten sind im Internet über https://portal.dnb.de abrufbar.

© Der/die Herausgeber bzw. der/die Autor(en), exklusiv lizenziert an Springer Fachmedien Wiesbaden GmbH, ein Teil von Springer Nature 2024

Planung/Lektorat: Stefanie Winter
Springer Gabler ist ein Imprint der eingetragenen Gesellschaft Springer Fachmedien Wiesbaden GmbH und ist ein Teil von Springer Nature.
Die Anschrift der Gesellschaft ist: Abraham-Lincoln-Str. 46, 65189 Wiesbaden, Germany

Wenn Sie dieses Produkt entsorgen, geben Sie das Papier bitte zum Recycling.

Was Sie in diesem *essential* finden können

- Eine Definition von Employee Experience und ihrer Einflussfaktoren
- Praktische Implikationen von Employee Experience für individuelle und organisationale Leistungsindikatoren
- Einen Überblick über die Schnittstelle von Employee Experience Management und Gefährdungsbeurteilung psychischer Belastungen
- Die Rolle von digitalen Tools und KI in der Messung und Auswertung von Employee Experience
- Praktische Beispiele und Anhaltspunkte für den erfolgreichen Einsatz von KI im Employee Experience Management

Vorwort

Ziel dieses Essentials ist es, Ihnen als Lesern das etwas sperrige Thema der Employee Experience praxisorientiert näher zu bringen.

Dabei wagen wir den Spagat zwischen wissenschaftlicher Tiefe und Genauigkeit, sowie klaren, umsetzbaren Hinweisen für die Praxis.

Besonders die Beschreibungen der Grundlagen in den ersten Kapiteln könnten auf den ersten Blick etwas unhandlich wirken, orientieren sie sich doch an dem klassischen akademischen Schreibstil mit vielen Verweisen auf Quellen und weiterführende Lektüre. Dies ermöglicht Ihnen als Leser dieser Kapitel ein fundiertes Basiswissen für alle weiteren Gespräche und Entscheidungen.

Die darauffolgenden Kapitel sind deutlich praxisnäher konzipiert und erlauben einen direkten Transfer in die Arbeitswelt. Uns ist es ein starkes Bedürfnis, dass die Employee Experience nicht nur ein wachsendes Thema der Forschung bleibt, sondern auch immer mehr Anklang bei Unternehmen erlangt. Gerade deswegen fokussieren wir uns in diesem Essential auf die Interaktion zwischen der Employee Experience und der psychischen Gefährdungsbeurteilung (GBU Psyche).

Unser besonderer Dank gilt Dr. Achim Preuss, der mit seinen innovativen Methoden zeigt, dass praxisorientierte Forschung & Entwicklung auch wissenschaftlich orientiert sein kann, und das Feld der Employee Experience seit Jahren revolutioniert.

Ebenso möchten wir Prof. Dr. Klaus Stulle danken, der als einer der praxisorientiertesten Akademiker in diesem Feld viel dazu beträgt diese klassische Kluft zu überbrücken.

Dr. Richard T. Justenhoven
Maximilian Jansen

Inhaltsverzeichnis

Einleitung 1

Die Employee Experience (EX) steht heute im Zentrum einer revolutionären Arbeitskultur. In einer Ära, in der qualifizierte Talente nicht nur nach attraktiven Vergütungspaketen, sondern auch nach sinnstiftender Arbeit und einer positiven Arbeitsumgebung suchen, wird die Gestaltung der EX zum entscheidenden Wettbewerbsvorteil für Unternehmen. Eine herausragende EX kann die Mitarbeiterbindung verstärken, Innovation fördern und letztendlich den Unternehmenserfolg steigern. Ein prägnantes Beispiel hierfür ist die Tech-Branche, wo Unternehmen wie Google nicht nur durch ihre innovativen Produkte, sondern auch durch eine außergewöhnliche Mitarbeitererfahrung bekannt geworden sind, die Kreativität und Engagement fördern.

Die Schnittstelle von EX und der psychischen Gefährdungsbeurteilung (GBU Psyche) in Kombination mit der Anwendung künstlicher Intelligenz (KI) bildet das Fundament dieses *essentials*. Diese Kombination erlaubt es Unternehmen, maßgeschneiderte Erfahrungen zu schaffen, die nicht nur die Effizienz steigern, sondern auch das Wohlbefinden der Mitarbeitenden ins Zentrum stellen. Beispielsweise ermöglicht die Nutzung von KI-gestützten Analysetools in Echtzeit, das Feedback und die Bedürfnisse der Mitarbeitenden besser zu verstehen und darauf einzugehen, was zu einer tieferen Zufriedenheit und Bindung führt.

Die Synergie aus GBU Psyche und KI hat das Potenzial, die EX auf ein neues Niveau zu heben. Durch die intelligente Analyse von Mitarbeiterdaten können individuelle Bedürfnisse erkannt und adressiert werden, was zu einer tieferen Mitarbeiterbindung und einer gesteigerten Produktivität führt. Dieses *essential* zielt darauf ab, ein umfassendes Verständnis für die Bedeutung einer strategisch durchdachten EX zu schaffen und aufzuzeigen, wie durch die Integration von GBU Psyche und KI herausragende Mitarbeitererfahrungen gestaltet werden können.

© Der/die Autor(en), exklusiv lizenziert an Springer Fachmedien Wiesbaden 1
GmbH, ein Teil von Springer Nature 2024
R. T. Justenhoven und M. Jansen, *Employee Experience*, essentials,
https://doi.org/10.1007/978-3-658-45771-6_1

Angesichts aktueller Herausforderungen, wie der Anpassung an flexible Arbeitsmodelle und der Integration von Technologien in den Arbeitsalltag, bietet dieses Buch praxisnahe Einblicke und Lösungsansätze. Es richtet sich an Unternehmensführer, HR-Professionals und alle, die an der Schnittstelle von Technologie, Psychologie und Mitarbeiterführung arbeiten.

Mit einer klaren Struktur, die sowohl theoretische Grundlagen als auch praktische Anwendungsbeispiele umfasst, dient dieses *essential* als Leitfaden für die Gestaltung einer positiven und produktiven Arbeitsumgebung in der modernen Arbeitswelt. Durch die Lektüre dieses Buches erhalten Sie nicht nur Einblick in aktuelle Forschungsergebnisse und Best Practices, sondern auch inspirierende Ideen, wie Sie die Employee Experience in Ihrem Unternehmen gezielt verbessern können.

Grundlagen der Employee Experience (EX)

2

2.1 Definition und Schlüsselkomponenten der EX

Die Konzeption der EX hat sich im Laufe der Zeit signifikant verändert. In den Anfängen des Industriezeitalters konzentrierten sich Unternehmen hauptsächlich auf die physischen Arbeitsbedingungen und die Sicherheit der Mitarbeitenden, wobei oftmals Gesichtspunkte der Effizienz und Produktivität im Vordergrund standen. Mit dem Übergang zur Dienstleistungsgesellschaft und zunehmender Verbreitung von Wissensarbeit rückten auch emotionale und kognitive Aspekte der Arbeitserfahrung stärker in den Vordergrund. In den letzten Jahrzehnten hat die digitale Transformation dazu geführt, dass unterschiedlichste Technologien, vernetztes Arbeiten und Flexibilität wesentliche Einflussfaktoren der EX geworden sind. In der aktuellen Literatur wird die Mitarbeitererfahrung als holistisches Konzept verstanden, das alle Berührungspunkte von Mitarbeitenden mit dem Unternehmen umfasst, von dem Zeitpunkt des Eintretens in ein Unternehmen, bis sie diese wieder verlassen (Maylett & Wride, 2017).

> **Dimensionen der Employee Experience**
> **Interne Faktoren** Die Self-Determination Theory betont die Bedeutung psychologischer Bedürfnisse – Autonomie, Kompetenz und soziale Einbindung – für das Wohlbefinden und die Leistung am Arbeitsplatz. Faktoren wie autonome Motivation, positive Emotionen, Resilienz und Optimismus beeinflussen maßgeblich die Arbeitszufriedenheit und den Umgang mit Herausforderungen. Ein Growth Mindset hilft ebenfalls, Schwierigkeiten zu bewältigen und Potenziale auszuschöpfen.

R. T. Justenhoven und M. Jansen, *Employee Experience*, essentials, https://doi.org/10.1007/978-3-658-45771-6_2

Externe Faktoren Das Job Demands-Resources Model zeigt, wie Anforderungen und Ressourcen der Arbeitsumgebung das individuelle Erleben am Arbeitsplatz beeinflussen. Job Demands (= Blocker) sind physische, psychische, soziale und organisationale Aspekte, die ein hohes Maß an Energie der Mitarbeitenden fordern und dadurch schnell zu einer Belastung werden können. Job Resources (= Booster) unterstützen die Bewältigung dieser Anforderungen und fördern Motivation und Weiterentwicklung. Eine positive Unternehmenskultur, Passung zwischen individuellen Werten und Unternehmenswerten, der Umgang mit Veränderungen und die Integration von Technologien spielen ebenfalls eine wichtige Rolle für das Wohlbefinden und die Leistung der Mitarbeitenden. Führungskräfte haben durch ihre Unterstützung und Planung erheblichen Einfluss auf Zufriedenheit und Motivation.

Determinanten der Employee Experience umfassen eine Reihe unterschiedlicher Faktoren. Grundsätzlich lassen sich sogenannte interne und externe Faktoren unterscheiden, wobei sich intern/extern auf den einzelnen Mitarbeitenden bezieht. Interne Faktoren sind demnach beeinflusst von der Persönlichkeit, der Motivation und weiteren individuellen Eigenschaften und Fähigkeiten, während externe Faktoren maßgeblich aus dem Unternehmensumfeld kommen.

Interne Faktoren

Bei der Betrachtung der internen Einflussfaktoren bietet die Selbstbestimmungstheorie (Self-Determination Theory; SDT) nach Deci und Ryan (1985) wichtige Anhaltspunkte, da sie das Verständnis der Determinanten von EX um die psychologischen Grundbedürfnisse nach Autonomie, Kompetenz und sozialer Eingebundenheit erweitert. Diese Bedürfnisse und Motivationen beeinflussen maßgeblich, wie sich Umgebungsfaktoren unterschiedlich auf das Erleben und Verhalten am Arbeitsplatz verschiedener Personen auswirken können. Das Erleben am Arbeitsplatz umfasst hierbei sowohl Aspekte von Zufriedenheit und Wohlbefinden wie auch Arbeitsleistung (Deci et al., 2017). Autonome Motivation, eines der Kernelemente der SDT, wurde in unterschiedlichen Studien mit Leistungsindikatoren wie Unternehmensprofitabilität, Selbsteinschätzungen von Arbeitsleistung aber auch geringeren Risiken von Burnout, Erschöpfung, und Wechselbereitschaft in Verbindung gebracht (Deci et al., 2017).

Ein weiterer wichtiger Bestandteil von Wohlbefinden und Zufriedenheit am Arbeitsplatz ist das Erleben positiver Emotionen, welche sich auch auf Arbeitsleistung auswirken können (Isham et al., 2021). Interessant ist hierbei, dass weniger die Intensität, sondern vielmehr die Häufigkeit positiven Affekts eine maßgebliche Rolle für das subjektive Wohlbefinden zu spielen scheint und positiver Affekt – in Abhängigkeit maßgeblich positiver oder negativer Lebensereignisse – eine gewisse Zeitstabilität aufweist (Diener et al., 2009).

Für das Wohlbefinden von Mitarbeitenden ist auch relevant, wie diese mit Herausforderungen und Belastungen umgehen. Prominente Konstrukte in diesem Zusammenhang sind Resilienz und Optimismus, die als Determinanten von EX den individuellen Ressourcen zugeordnet werden können. Optimismus als individuelle Eigenschaft hat einen großen Einfluss darauf, wie Personen mit belastenden Situationen und Rückschlägen umgehen. Charakteristisch für hohen Optimismus ist, dass belastende Situationen als vorübergehend, veränderbar, und überschaubar bzw. im Umfang begrenzt gesehen werden (Seligman, 2010).

Resilienz beschreibt individuelle Eigenschaften, die es Personen erlauben Stressoren konstruktiv zu bewältigen und sich schnell von Belastungen zu erholen (Britt et al., 2016; Bardoel et al., 2014; Connor & Davidson, 2003; Seligman, 2010). Die möglichen positiven Effekte gehen dabei auch über einzelne Personen hinaus und es konnten Zusammenhänge zwischen Resilienz auf individueller Ebene und auf Organisationsniveau nachgewiesen werden (Tonkin et al., 2018). Studien zeigen darüber hinaus, dass Resilienz auch mit Wohlbefinden, Mitarbeiterbindung sowie Unternehmens-Performance in Zusammenhang steht und durch organisationale Maßnahmen im Rahmen des Human-Resource-Management (HRM) gefördert und entwickelt werden kann (Britt et al., 2016; Bardoel et al., 2014; Hu et al., 2015; Tonkin et al., 2018).

Im Arbeitskontext spielt oftmals auch die Wahrnehmung der eigenen Tätigkeit als Teil fortlaufender Lern- und Entwicklungsprozesse eine Rolle für die Zufriedenheit von Mitarbeitenden. Ähnlich wie in Bildungskontexten ist hier die grundlegende Einstellung einer Person zu ihren Eigenschaften, insbesondere auch kognitiven Fähigkeiten, entscheidend. Werden diese als veränderbar wahrgenommen, spricht man von einem Growth Mindset, gegenüber einem sog. Fixed Mindset in dem individuelle Eigenschaften als gegeben und unveränderlich angesehen werden (Yeager & Dweck, 2020). Das Mindset wirkt sich unter anderem darauf aus, wie Personen mit Herausforderungen, Veränderungen, und Rückschlägen umgehen. Ein Growth Mindset kann dabei helfen, schwierige Situationen als Lernmöglichkeiten zu sehen und konstruktiv zu bewältigen, was es auch erleichtert individuelle Potenziale auszuschöpfen (Dweck & Yeager, 2019).

Externe Faktoren

Für ein umfassendes Verständnis von EX ist es unabdinglich neben individuellen Eigenschaften der Mitarbeitenden auch Eigenschaften der Arbeitsumgebung, sowie die Interaktion beider Bereiche zu berücksichtigen. Das Job Demands-Resources Model (JD-R) nach Bakker und Demerouti (2007) bietet hierbei eine nützliche Grundlage. Nach dem Modell wird das individuelle Erleben am Arbeitsplatz maßgeblich durch das Zusammenspiel und wechselseitige Auswirkungen von Anforderungen (Job Demands) und Ressourcen (Job Resources) beeinflusst.

Unter Job Demands werden physische, psychische, soziale und organisationale Aspekte der Arbeitsumgebung verstanden, deren Bewältigung wiederrum die Aufwendung physischer oder psychischer Ressourcen seitens der Mitarbeitenden erfordert. Eine zentrale Annahme des JD-R und besonders relevant im Kontext von EX ist, dass Job Demands nicht unbedingt als negative Stressoren wirken, sofern ihnen ausreichende und den Anforderungen entsprechende Job Resources gegenüberstehen (Bakker & Demerouti, 2007). Job Resources im JD-R sind physische, psychische, soziale und organisationale Aspekte der Arbeitsumgebung, welche die Beanspruchung durch Job Demands reduzieren, das Erreichen von Arbeitszielen unterstützen und die persönliche und professionelle Weiterentwicklung von Mitarbeitenden fördern.

Was diese Definition verdeutlicht ist, dass Job Resources auch über die Bewältigung von Anforderungen hinaus für motivationale Prozesse relevant sind, was auch Auswirkungen auf die Erfüllung der bereits in diesem Abschnitt erwähnten psychologischen Grundbedürfnisse hat.

Eine positive Unternehmenskultur fördert ein Umfeld, in dem sich Mitarbeitende wohlfühlen, engagiert sind und miteinander kooperieren. Dies beinhaltet offensichtlich positive Aspekte wie Wertschätzung und Inklusivität aber auch Offenheit, Transparenz und Fairness im Umgang mit Fehlern und Kritik.

Auch der Umgang mit Veränderungen in Unternehmensstrukturen, Arbeitsprozessen, und Arbeitsmitteln wie z. B. digitaler Technologien kann erheblichen Einfluss auf die EX von Mitarbeitenden haben. Gerade in international agierenden Firmen sind Offenheit und Agilität von großer Bedeutung (Christofi et al., 2021; Pipe et al., 2012). Ein wichtiger Einflussfaktor auf die individuelle EX ist die Passung zwischen den Werten und Erwartungen des Individuums und der Kultur des Unternehmens (Person-Organisation-Fit; Kooji & Boon, 2018). Diese Passung weist unter Anderem Zusammenhänge mit Vorgesetztenbeurteilungen individueller Leistung auf (Hamstra et al., 2019). Bei der Betrachtung der Unternehmenskultur und ihrer Auswirkungen ist wichtig zu bedenken, dass Kultur in vielen Fällen selbst innerhalb eines Unternehmens nicht homogen ist, weshalb eine Betrachtung auf Ebene von Geschäftseinheiten oder Teams sinnvoll sein kann.

Der Bereich Technologien am Arbeitsplatz verdient gesonderte Betrachtung, da die Auswirkungen auf Arbeitsalltag und -abläufe umfassend sein können und aufgrund stetig voranschreitender technologischer Entwicklung kontinuierliche Lern-

und Anpassungsbereitschaft erfordern. Auch hier spielen Transparenz und Kommunikation seitens der Unternehmen, aber auch individuelle Eigenschaften der Personen eine maßgebliche Rolle darin, wie derartige Veränderungen von Mitarbeitenden wahrgenommen und umgesetzt werden (Burke & Maceli, 2020; Hamburg, 2019; Maran et al., 2022; Marsh et al., 2022). Die Zusammenhänge in diesem Bereich sind vielschichtig und komplex, verdeutlicht durch Forschung wie die Meta-Analyse von Karimikia & Singh (2019), die aufzeigte, dass Autonomie und Handlungsspielräume bei der Arbeit positiv mit der Nutzung von Technologien assoziiert sind, da sie Mitarbeitenden größeren Entscheidungsspielraum geben wann sie welche Technologien nutzen und somit bessere Kontrolle und Ausgleich der positiven und negativen Auswirkungen ermöglichen.

Im Arbeitsalltag verwendete Technologien sind jedoch nur ein Bestandteil der Arbeitsumgebung, zu der auch die Eigenschaften Gestaltung des Arbeitsbereiches an sich gehören. Die Anforderungen an Arbeitsplätze sind hierbei vielfältig und beinhalten die physische Gestaltung der Arbeitsumgebung hinsichtlich Aspekten wie Ergonomie, Arbeitsmittel, Sicherheit, Personalisierung, Möglichkeiten für Kollaboration sowie ungestörtes Arbeiten, Erholungsmöglichkeiten, aber auch die Umsetzung räumlich flexibler Arbeitsformen inklusive Arbeitszeitgestaltung und -erfassung. Auch wenn sich konkrete Arbeitsumgebungen und daraus resultierende Anforderungen im Einzelfall stark unterscheiden können, was Beispiele wie Bohrinseln, innerstädtische Büros, Krankenhäuser und landwirtschaftliche Betriebe sowie deren jeweilige Varianten und Tätigkeitsbereiche verdeutlichen, ist die Relevanz für das physische und emotionale Wohlbefinden von Mitarbeitenden offensichtlich (Lovejoy et al., 2021).

Für viele Mitarbeitende ebenfalls wichtiger Bestandteil der Arbeitsumgebung sind Führungskräfte. Diese haben in Form von Kommunikation, Planung, Delegation, Anleitung und Unterstützung direkten Einfluss auf den Arbeitsalltag. Auch längerfristig sind Führungskräfte von hoher individueller Relevanz für Mitarbeitende durch ihre Schlüsselposition in Themen wie individueller Karriereplanung und Weiterentwicklung, wie auch Feedback und – ggf. damit in Verbindung stehend – Gehalt und anderen Kompensationsformen, welche sich wiederrum stark auf die Zufriedenheit und Motivation von Mitarbeitenden auswirken können. In ihrer Rolle als Bindeglied zwischen Unternehmen und Mitarbeitenden können Führungskräfte maßgeblichen Einfluss auf die EX und das Wohlbefinden von Mitarbeitenden haben, was durch Befunde wie den positiven Zusammenhang zwischen transformationalem Führungsstil sowie bedingter Belohnung und subjektivem Wohlbefinden, physischer Gesundheit und Zufriedenheit belegt wird (Alimo-Metcalfe et al., 2008; Madlock, 2008; Zwingmann et al., 2014). Es ist interessant und aus Organisationsperspektive ebenso relevant, dass derartige Effekte nicht nur in Hinblick auf das Wohlbefinden

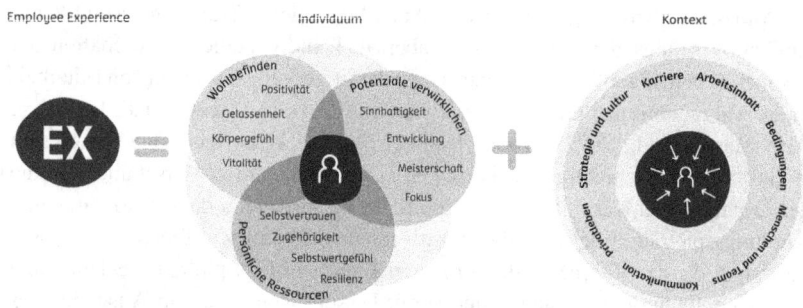

Abb. 2.1 Determinanten der Employee Experience

von Mitarbeitenden, sondern auch der Führungskräfte selbst nachgewiesen werden konnten (Kaluza et al., 2020).

Was aus diesem kurzen Überblick deutlich wird ist, dass die vielfältigen Determinanten und Konsequenzen von EX in komplexen und durch wechselseitige Einflüsse geprägten Zusammenhängen stehen, von denen jeder Einzelne eine gesonderte Betrachtung wert sein kann. Als übergeordnete Bereiche aus Perspektive der EX lassen sich auf Seite der Personen die Bereiche Wohlbefinden, persönliche Ressourcen, und Mindset festhalten. Auf Seite der Kontextfaktoren sollten unterschiedliche Bereiche der Arbeitsumgebung wie z. B. Karrieremöglichkeiten, das soziale Arbeitsumfeld, aber auch des Privatlebens berücksichtigt werden (Abb. 2.1).

2.2   Der Einfluss der EX auf nachhaltige Produktivität

Jedes Unternehmen strebt nach einer Optimierung der Produktivität der Belegschaft – dies ist (wenn auch über unterschiedliche KPIs festgehalten) ein zentrales Ziel für Organisationen, die auf Langlebigkeit und Erfolg abzielen.

Nachhaltige Produktivität bedeutet in diesem Zusammenhang, den Punkt bzw. 'Sweet Spot' zu treffen, an dem Effizienz der Organisation mit dem Wohlbefinden der Mitarbeitenden (=positiver EX) synchronisiert ist.

Das unternehmerische Ziel kann nicht sein, lediglich mehr Stunden oder schnellere Ergebnisse zu fordern. Stattdessen geht es darum, Wege zu finden, wie Mitarbeitende klüger und nicht härter arbeiten können, und zwar so, dass sie dies über die Zeit hinweg ohne Ausbrennen durchhalten können (Money et al., 2009).

Viele Unternehmen jagen weiteren Produktivitätssteigerungen hinterher, indem sie das Tempo erhöhen. Wenn Teams jedoch zu stark belastet werden, kann dies zu einer gestressten Belegschaft, höherer Mitarbeiterfluktuation, mehr Krankheitstagen und sogar zu Burnout führen. Der produktive Sweet Spot ist dort, wo Mitarbeitende auf ihrem besten Niveau arbeiten und bestmögliche Arbeit verrichten (qualitativ und quantitativ). Es ist wie das Finden der optimalen Bandbreite für ein Netzwerk, das die schnellste Datenübertragung ermöglicht, ohne das System zu überlasten und einen Absturz zu verursachen.

Und genau hier setzt die EX ein – den Zustand zu finden, bei dem das volle Potenzial einzelner Mitarbeitender voll ausgeschöpft ist, und auf dem er nachhaltig sein produktivstes Selbst sein kann. Dies ist kein neues Konzept, da es direkt mit dem Konzept der Positiven Psychologie zusammenhängt, das ausführlich von Seligmann und Kollegen erforscht wurde (für einen guten Überblick siehe Seligman et al., 2005; oder Wang et al., 2023). Das Konzept von EX geht jedoch einen Schritt weiter als die Positive Psychologie und kontextualisiert in wirtschaftlichen Angelegenheiten.

Bei einer gelebten EX geht es im Kern also um eine direkte Messung von positiver Mitarbeitererfahrung UND Produktivität. Der diagnostische Teil beschäftigt sich damit herauszufinden, an welchen Stellschrauben und Faktoren aus Abschn. 2.1 gedreht werden kann, um eine bessere EX im Unternehmen zu erzeugen und dadurch weitere nachhaltige Produktivitätssteigerungen zu ermöglichen. Dies muss folgend in der Implementierungsphase umgesetzt werden und kontinuierlich überwacht werden, um weitere Anpassung vornehmen zu können.

2.3   Aktuelle Trends und Herausforderungen in der EX

Wie zu Beginn dieses Kapitels erwähnt kann die Arbeitsumgebung erheblichen Einfluss auf die EX haben. Seit dem Aufkommen digitaler Technologien am Arbeitsplatz und deren nach wie vor stetig zunehmenden Verbreitung befinden sich viele Arbeitsprozesse im stetigen Wandel. Dies beinhaltet einerseits die Arbeitsmittel und -abläufe, die sich durch neue Technologien verändern können, wie auch das physische und soziale Arbeitsumfeld. Faktoren wie Homeoffice, Hybride Arbeitsformen und ausschließlich digitale Zusammenarbeit in internationalen Teams stellen Arbeitgeber und Arbeitnehmer vor immer wieder neue Herausforderungen. Besonders prominent sind in diesem Kontext Trends wie die stetig zunehmende Menge an E-Mails und Meetings im Laufe während der

Arbeitszeiten aber auch darüber hinaus und die damit einhergehende Entgrenzung des Arbeitstages (Microsoft, 2022). Im Zuge dessen entwickelt sich auch die Dynamik zwischen Arbeits- und Privatleben zunehmend von work-life-balance als Zielzustand hin zu einer dynamischen, transaktionalen work-life-integration, wobei auch Zusammenhänge mit Aspekten von Gesundheit und Wohlbefinden zunehmend Aufmerksamkeit finden (Gragnano et al., 2020; Microsoft, 2022; Wood, 2020). Diese Trends sind auch Teil systematischer Unterschiede zwischen Generationen von Arbeitnehmern in deren Erwartungen an Jobs und Arbeitgeber. So scheint Generation Z vermehrt Wert auf Sinnerleben und Erfüllung im Rahmen einer Tätigkeit, die mit eigenen Werten und Einstellungen übereinstimmt, zu legen (Barhate & Dirani, 2022; Kirchmayer & Fratričová, 2020). Während Studienergebnisse zur Relevanz von Jobsicherheit, Benefits, Grundgehalt und der Arbeit in Teams unterschiedlich ausfallen, berichten Generation Z Stichproben von höheren Erwartungen an Organisationen und Führungskräfte in der Unterstützung der eigenen Karriereentwicklung, wie auch von Ansprüchen an technologische, aber auch soziale und ethische Standards von Unternehmen (Barhate & Dirani, 2022; Benitez-Marquez et al., 2022; Kirchmayer & Fratričová, 2020; Leslie et al., 2021).

Ein in diesem Zusammenhang über Generationen hinweg aktuell relevantes Thema sind die Effekte von Remote-Arbeit. Während sich flexible Arbeitsmodelle positiv auf individuelle Wahrnehmungen von Autonomie sowie Vereinbarkeit von Berufs- und Privatleben auswirken können, ist das Risiko sozialer Isolation von Mitarbeitenden höher und die Abgrenzung von Arbeits- und Privatleben oftmals schwieriger, was sich wiederrum negativ auf psychische Belastung und Arbeitszufriedenheit auswirken kann (Bentley et al., 2016; George et al., 2022; Donati et al., 2021; Microsoft, 2022). Organisationale Unterstützung, insbesondere mit Fokus auf der Förderung sozialer Einbindung und Unterstützung während der Arbeit und Möglichkeiten zur Abgrenzung außerhalb der Arbeit, kann diese negativen Effekte vor allem bei Menschen, die nur wenige Stunden pro Woche remote arbeiten reduzieren (Bentley et al., 2016). Die Komplexität der Zusammenhänge zwischen neuen Arbeitsformen und Eigenschaften des Arbeitsumfelds wird durch Befunde wie die positive Auswirkung von meetingfreien Tagen auf die Wahrnehmung von Kooperation und Kommunikation unter Mitarbeitenden verdeutlicht (Laker et al., 2022). Die Autoren der Studie erklären diese Befunde durch eine flexiblere und effektivere Nutzung alternativer Kommunikationskanäle wie zum Beispiel Projektmanagementtools, was auch das Risiko von Missverständnissen reduzierte, und mit niedrigerem selbstberichteten Stress einherging (Laker et al., 2022). Es gilt jedoch auch hier eine dem jeweiligen Organisationskontext und den Bedürfnissen und Präferenzen einzelner Mitarbeitender entsprechende Balance zu

finden. Während Remote-Arbeit zwar in vielen Fällen mit höherer wahrgenomme-
ner Produktivität einhergeht, berichteten Angestellte in einer Studie von George
et al. (2022) auch von reduziertem Sinnerleben und vermehrten gesundheitlichen
Problemen trotz geringeren wahrgenommenen Stresses im Vergleich zur Arbeit
vor Ort. Dass sich Investitionen in Job Ressourcen lohnen können, verdeutlichen
metaanalytische Forschungsergebnisse, die in Langzeitdaten eindeutige positive
Zusammenhänge mit Mitarbeiter-Engagement sowohl auf Team-, Führungs-, wie
auch Organisationsniveau nachweisen konnten (Lesener et al., 2019). Job Ressourcen sind hierbei nach dem zuvor in diesem Kapitel erwähnten Job-Demands
Resources Modell von Bakker und Demerouti, (2007) definiert. Hervorzuheben
ist auch, dass die Befunde von Lesener et al. (2019) nahelegen, dass Ressourcen
auf Organisationsebene den größten Einfluss auf Engagement haben und dabei in
Interaktion mit Ressourcen auf Team- und Führungsebene sowohl als notwendige
Grundlage, wie auch als fördernder Faktor zu agieren scheinen.

Wie auch im Abschnitt zu Determinanten der EX verdeutlicht, lassen sich
zwar aktuelle Spannungsfelder und mögliche Herangehensweisen für einen kon-
struktiven Umgang skizzieren, aber wie genau dies im Einzelfall aussehen kann,
bedarf einer detaillierten Erfassung möglicher Belastungsfaktoren, Ressourcen,
Eigenschaften der Mitarbeitenden, und der daraus resultierenden EX auf Team-
und Organisationsniveau.

Fazit

Der Begriff Employee Experience (EX) beschreibt die Interaktionen von Mitarbeitenden und Unternehmen über den gesamten Employee Lifecycle und wie
diese von einzelnen Personen wahrgenommen und bewertet werden. Determinanten von EX sind sowohl externe Faktoren in der Arbeitsumgebung
wie auch interne Faktoren in Form von Eigenschaften individueller Personen. Für ein umfassendes Verständnis der EX, muss auch die Interaktion von
internen und externen Einflussfaktoren im spezifischen Unternehmenskontext
berücksichtigt werden. Die gleichen Umgebungsfaktoren können sich sehr
unterschiedlich auf verschiedene Gruppen innerhalb von Unternehmen oder
auch einzelne Personen auswirken, weshalb auch personenbezogene Faktoren
eine wichtige Stellschraube für das EX-Management sind. Für Unternehmen
bedeutet eine positive EX, dass Effizienz der Organisation und Wohlbefinden
der Mitarbeitenden im Einklang stehen. Dies erlaubt nachhaltige Produktivität, Ausschöpfung individueller Potenziale und fördert eine positive, lern- und
entwicklungsorientierte Unternehmenskultur.

Einführung in die psychische Gefährdungsbeurteilung (GBU Psyche)

3

Seit 2013 ist die psychische Gefährdungsbeurteilung ein fester Bestandteil der GBU und damit (eigentlich) verpflichtend durchzuführen für alle Unternehmen. Allerdings wissen noch zu viele Verantwortliche nicht, wie das zu leisten sein soll – zumal es mit einer schnellen Befragung nicht getan ist. Die Probleme, die bei einer solchen Befragung aufgedeckt werden, müssen entsprechend nachverfolgt werden. Der Prozess muss dokumentiert werden, Mitarbeitenden die Hilfe benötigen müssen diese ermöglich werden.

Kurzum: vielen Verantwortlichen in Unternehmen ist bewusst, dass etwas getan werden müsste, wenige wissen was genau, und noch weniger wissen wie dies verhältnismäßig richtig umgesetzt werden kann.

In diesem Kapitel geht es darum zu klären, was genau die GBU Psyche beinhaltet, und welche Rahmenbedingungen eingehalten werden müssen, damit sie für alle alle Beteiligten einen Mehrwert erzeugt.

3.1 Grundkonzepte der psychischen Gefährdungsbeurteilung

Ein wichtiger Aspekt des individuellen Erlebens am Arbeitsplatz sind Belastungen und Sicherheit, sowohl in Hinblick auf das Risiko körperlicher Fehlbelastungen oder Verletzungen wie auch im psychischen Bereich. Der Begriff psychosoziale Risiken beschreibt in diesem Kontext negative psychische, physische und soziale Folgen, die aus hohen Arbeitsplatzanforderungen und ungünstigen Arbeitsbedingungen entstehen können, wenn diese nicht durch unterstützende

R. T. Justenhoven und M. Jansen, *Employee Experience*, essentials, https://doi.org/10.1007/978-3-658-45771-6_3

oder ausgleichende Faktoren in der Arbeitsumgebung kompensiert werden (EU-OSHA, 2023; ISO, 2017). Konzeptionell ist die Unterscheidung von akuten Gefahren gegenüber Gefährdungen durch mögliche Schäden, deren Ausmaß und Wahrscheinlichkeit unbekannt sein können, relevant (Kummer et al., o. J.), ebenso wie die Unterscheidung von psychischem Stress und psychischen Belastungen, welche aus Stress resultieren und negative Folgen haben können (ISO, 2017).

Stetiger Wandel und zunehmende Komplexität am Arbeitsmarkt erfordern auch unter Gesichtspunkten der Sicherheit am Arbeitsplatz kontinuierliche Entwicklung und Anpassung relevanter Regularien und deren Umsetzung in der Praxis (EU-OSHA, 2021).

▶ **Wichtig**
Gefährdungen im Sinne der GBU sind theoretische Möglichkeiten von Schädigungen und setzen daher vor akuten Gefahren an.

In Deutschland ist seit 1996 im Rahmen des Arbeitsschutzgesetzes die Gefährdungsbeurteilung zum Schutz von Mitarbeitenden verpflichtend. Seit 2013 beinhaltet dies auch die Gefährdungsbeurteilung psychischer Belastungen (GBU Psyche). Entsprechend des Gefährdungsbegriffs sollte ein solche Beurteilung auch zunächst scheinbar unbedenkliche oder unwahrscheinlich erscheinende Einflussfaktoren oder Szenarien berücksichtigen. Nur ein umfassendes Verständnis von Gefährdungen erlaubt die effektive Erkennung möglicher Gefahren und Ableitung präventiver Maßnahmen.

▶ **Nach § 5, Abs. 3 ArbSchG sind bei einer Gefährdungsbeurteilung folgende Bereiche zu berücksichtigen**

Gestaltung und Einrichtung der Arbeitsstätte und des Arbeitsplatzes
Physikalische, chemische und biologische Einwirkungen
Gestaltung, Auswahl und Einsatz von Arbeitsmitteln, insbesondere von Arbeitsstoffen, Maschinen, Geräten und Anlagen sowie der Umgang damit
Gestaltung von Arbeits- und Fertigungsverfahren, Arbeitsabläufen und Arbeitszeit und deren Zusammenwirken
Unzureichende Qualifikation und Unterweisung der Beschäftigten
Psychische Belastungen bei der Arbeit

Auch wenn psychische Belastungen nur einen Teil der möglichen Gefährdungen am Arbeitsplatz ausmachen, darf deren Relevanz für Individuen und Unternehmen nicht unterschätzt werden. Verdeutlicht wird dies z. B. durch Statistiken wie die durchschnittliche Dauer von Krankschreibungen aufgrund psychischer Leiden, welche bei 39,5 Tagen liegt, gegenüber einer durchschnittlichen Krankschreibungsdauer von 13,5 Tagen über alle Krankheiten hinweg (Hahnzog, 2014) wie auch Zusammenhängen von hohen Belastungen am Arbeitsplatz mit koronaren Herzerkrankungen und Depression (Niedhammer et al., 2021).

Was die Bereiche der Gefährdungsbeurteilung nach dem deutschen Arbeitsschutzgesetz ebenfalls verdeutlichen, ist die konzeptionelle Nähe zu Einflussfaktoren der EX wie sie im vorherigen Kapitel dieses Werkes vorgestellt wurden. Zusätzlich zum Sicherheitsgefühl der Mitarbeitenden haben viele der sicherheitsrelevanten Eigenschaften der Arbeitsumgebung, –materialien und -prozesse auch eigene Auswirkungen auf unterschiedliche Aspekte von EX wie auch möglichen Gefährdungen. Auch die Definition der Gemeinsamen Deutschen Arbeitsschutzstrategie (GDA) betont verhaltenspräventive Ansätze und „[…] gute, das heißt menschengerechte Gestaltung der Arbeitsplätze und Arbeitsabläufe" (GDA, 2018, s. 6).

Im psychischen Bereich der Arbeitsbelastung beinhaltet dies nach ISO-Norm 10075-1 (ISO, 2017) psychischen Stress und Belastung, wobei diese Begriffe an sich neutral definiert sind. Dieser Definition nach kann aus psychischem Stress eine psychische Belastung resultieren, woraus sich wiederrum Folgen für Individuen ergeben können. Diese Definition verdeutlicht auch, warum es wichtig ist, bereits bei Gefährdungen anzusetzen, um mögliche negative Effekte reduzieren oder auch gänzlich vermeiden zu können. In Übereinstimmung mit gängigen psychologischen Stressmodellen, die spezifische Interaktionen von Individuen und Stressoren betonen, können diese Folgen laut ISO 10075–1 sowohl förderlich wie auch negativ sein, je nach Ausprägung und spezifischen Interaktionseffekten mit individuellen Eigenschaften der Personen.

3.2 Bedeutung der GBU Psyche für die Gestaltung der Employee Experience

Der frühe Ansatzpunkt einer Gefährdungsbeurteilung und die inhaltlichen Überschneidungen mit EX verdeutlichen die Vorteile eines ganzheitlichen, systematischen und präventiv orientierten Ansatzes. Idealtypisch und wie von der EU-OSHA (2023) empfohlen ist die Messung und das Management der GBU Psyche Risiken in einem kontinuierlich EX-Ansatz fest verankert. Frühzeitige Erkennung psychischer Gefährdungen kann Unternehmen wertvolle Möglichkeiten geben präventiv Maßnahmen zu ergreifen und somit psychischen Belastungen ihrer Mitarbeitenden wie z. B. Burnout oder Stress aktiv vorzubeugen. Dies ist nicht nur relevant hinsichtlich Leistungs- und Qualitätsaspekten von Arbeitser-gebnissen (Linden et al., 2005), sondern auch für die Wechselbereitschaft von Mitarbeitenden (Goodman & Ross, 2002; Lan et al., 2020). Ähnlich wie die im vorherigen Kapitel skizzierten Determinanten von EX, spielen Faktoren im Arbeitsumfeld wie z. B. digital mediierte Kommunikation und Kollaboration in der Remote-Arbeit eine zentrale Rolle für das individuelle Stresserleben und somit Risiko negativer Belastungen (Bretschneider et al., 2020; Hayes et al., 2021).

Derartige Maßnahmen können auch über Gefährdungsreduktion hinaus posi-tive Effekte auf die EX haben, da sie zur Verbesserung der Arbeitsumgebung beitragen können. Einerseits bieten die Beurteilungsprozesse Mitarbeitenden Möglichkeiten Feedback zu geben, andererseits signalisiert, das Unternehmen aktives Interesse am Wohlergehen der Beschäftigten. Präventive Maßnahmen können neben der Gefährdungsreduktion auch allgemein zu Verbesserungen im Arbeitsumfeld durch Umgestaltung der physischen Arbeitsumgebung oder Arbeitsmittel oder Prozesse führen. Darüber hinaus können Mitarbeitende für das Thema psychische Belastungen und Gefährdungen sensibilisiert werden.

In letzter Konsequenz heißt das für erfolgreiche Unternehmen, dass sie nicht nur ihrer Verpflichtung zur Durchführung von GBU Psyche nachkommen, indem sie ein holistisches EX-Management betreiben, sondern die Erkenntnisse direkt nutzen und in Produktivitätssteigerungen umsetzen können. Um solche Effekte zu realisieren, müssen die entsprechenden Prozesse jedoch einige Anforderungen erfüllen und die spezifischen Belastungsmuster und Ressourcen innerhalb von Unternehmen angemessen erfassen (Bretschneider et al., 2022; Meyer et al., 2021; Stempel & Siestrup, 2022).

3.3   Anwendungsbereiche der GBU Psyche in der Praxis

Kernmerkmal einer effektiven Beurteilung psychischer Gefährdungen ist die Strukturierung des gesamten Prozesses, von der Planung bis zur Ableitung und Umsetzung von Maßnahmen. Im Folgenden soll ein kurzer Überblick über die wichtigsten Meilensteine und Gestaltungshinweise gegeben werden.

Erfassung der Organisationsstruktur, Arbeits- und Tätigkeitsbereiche
In der ersten Phase einer Gefährdungsbeurteilung liegt der Fokus einerseits auf der Prozessplanung inklusive Zeitplänen, relevanten Personen, Verantwortungs-bereichen und Prozess-Meilensteinen, andererseits auf der Identifikation und

Dokumentation der Organisationsstruktur, zu erfassenden Tätigkeitsbereichen und Abteilungen. Eine klare Struktur ist hierbei entscheidend für den gesamten weiteren Verlauf bis hin zur Ergebnisrückmeldung und Ableitung von Interventionen. Sie hilft auch dabei, die Gefährdungsbeurteilung gezielt durchzuführen und individuelle Merkmale bestimmter Tätigkeiten oder Abteilungen angemessen Rechnung zu tragen, wenn es große Unterschiede innerhalb der Organisation gibt. Ähnliche Tätigkeiten können hierbei zu Tätigkeitsbereichen zusammengefasst werden. Bei homogenen Arbeitsbedingungen kann auch die Beurteilung eines repräsentativen Arbeitsbereiches oder einer Tätigkeit ausreichen.

Die in diesem Prozessschritt gesammelten Informationen können auch bei der genaueren Planung der Durchführung der Gefährdungsbeurteilung wie auch bei der Auswahl geeigneter Messinstrumente helfen. Die Wahl eines passenden Instruments oder auch Dienstleisters trägt dabei maßgeblich zum Erfolg der Gefährdungsbeurteilung bei und kann helfen mögliche Kompetenzlücken, z. B. in der Datenauswertung und -interpretation, zu schließen.

Schulungs- und Kommunikationskonzept
Auf die Erfassung relevanter Personen aufbauend, gilt es in der Beurteilungsdurchführung involvierte Personen und weitere Stakeholder wie z. B. Führungskräfte oder Betriebsräte je nach Bedarf und Vorwissen in den relevanten gesetzlichen Grundlagen, Fachbegriffen, Messmethoden und -instrumenten wie auch Ergebnisinterpretationen zu schulen. Hierbei kann die Aufstellung eines internen Expertenteams, welches auch im weiteren Verlauf als Ansprechpartner für Stakeholder und Mitarbeitende fungiert, hilfreich sein.

Parallel dazu sollte ein klares Kommunikationskonzept ausgearbeitet werden, das sowohl die Perspektiven von Stakeholdern wie auch der teilnehmenden Mitarbeitenden berücksichtigt. Transparente, zeitnahe, sowie ansprechend und zugänglich gestaltete Kommunikation kann einen großen Beitrag zu hohen Beteiligungsquoten leisten. Der Fokus sollte dabei auch über den eigentlichen Prozess hinaus auf der Relevanz des Themas sowie positiven Aspekten und dem möglichen Nutzen einer Gefährdungsbeurteilung und sich daraus ergebenden Maßnahmen liegen.

Gefährdungen und Belastungen ermitteln
Der nächste Schritt im Prozess ist die Erhebung und anschließende Auswertung von Daten. Hierbei sollte darauf geachtet werden, dass das Messinstrument den Bedingungen und Abläufen der jeweiligen Organisation angepasst und für die Mitarbeitenden möglichst einfach nutzbar ist. Dazu gehören Abwägungen bezüglich des Formats, Zugriffsmöglichkeiten, Ergebnisrückmeldungen auf individueller und

aggregierter Ebene. Auch hier kann ein konsistent umgesetztes Kommunikations-konzept dabei unterstützen, die Befragten durch den Prozess zu führen und durch Informationen zur Teilnahme zu motivieren.

Maßnahmen ableiten und umsetzen

Im Anschluss an die Datenerhebungsphase folgt die Auswertung und Interpretation der Ergebnisse mit darauf aufbauender Ableitung konkreter Maßnahmen. Welche Daten vorliegen und wie diese verwendet werden können, hängt maßgeblich von den Eigenschaften der verwendeten Messinstrumente ab. Grundsätzlich ist es wichtig, den Fokus nicht nur auf Belastungsfaktoren, Risiken, und Problembereiche zu legen, sondern auch positive Aspekte und Ressourcen zu erfassen. Die Berücksichtigung von Belastungen wie auch Ressourcen kann dabei helfen, die tatsächlichen Problem-bereiche genauer zu identifizieren und priorisieren, wobei die Anzahl betroffener Personen wie auch das Ausmaß der Belastung oder Gefährdung sowie möglicher Folgen zu beachten sind.

Das auf den Regeln des Arbeitsschutzes basierende STOP-Prinzip kann bei der Planung und Umsetzung von Maßnahmen Hilfestellung bieten:

S = Substitution
T = Technische Maßnahmen
O = Organisatorische Maßnahmen
P = Personenbezogene Maßnahmen

Startpunkt sollte stets sein, zu prüfen, inwieweit Gefährdungspotenziale vermieden werden können. Sollte das nicht oder nur begrenzt möglich sein, können im nächs-ten Schritt technische Lösungsmöglichkeiten geprüft werden. Wie auch im breiteren Kontext der Employee Experience, sind in Hinblick auf Gefährdungsreduktion und - prävention Maßnahmen auf Organisations- und Personenebene ein zentraler Ansatz-punkt. Personen- und verhaltensbezogene Maßnahmen spielen bei psychischen Gefährdungen aufgrund der komplexen Interaktionen zwischen Arbeitsumfeld und Mitarbeitenden sowie der subjektiven Natur möglicher resultierender Belastungen eine besonders wichtige Rolle.

Ein ebenfalls nicht zu vernachlässigender Teil der Umsetzung von Maßnah-men zur Reduktion psychischer Gefährdungen sind strukturierte Evaluationen zu deren Effektivität. Aufgrund der Variabilität subjektiver Erfahrungen, insbesondere während und in Folge von Interventionen zur Gefährdungsreduktion, sind eng-maschige Folgemessungen empfehlenswert. Digitale Lösungen und Softwaretools können der Schlüssel sein, die notwendige Engmaschigkeit der Datenerhebung sowie Geschwindigkeit und Flexibilität in der Auswertung und Interpretation zu gewährleisten.

Fazit

Für HR-Professionals und Führungskräfte ist eine umfassende und präventive Gefährdungsbeurteilung unerlässlich, um psychische Belastungen am Arbeitsplatz effektiv zu reduzieren und die Employee Experience (EX) zu verbessern. Dies erfordert eine sorgfältige Planung und Einbindung relevanter Stakeholder, wie Führungskräfte und Betriebsräte, sowie kontinuierliche Schulung und Sensibilisierung der Mitarbeitenden. Transparente Kommunikation und eine klare Strukturierung des gesamten Prozesses, von der Erfassung der Organisationsstruktur bis zur Umsetzung konkreter Maßnahmen, sind entscheidend.

Durch die Einhaltung hoher Qualitätsstandards gemäß ISO-Norm 10075-3 und die Berücksichtigung aller potenziellen Einflussfaktoren können Unternehmen nicht nur gesetzliche Anforderungen erfüllen, sondern auch die Gesundheit und Zufriedenheit ihrer Mitarbeitenden langfristig fördern. Die frühzeitige Erkennung und Reduktion von psychischen Belastungen tragen maßgeblich dazu bei, negative Auswirkungen wie Burnout und Stress zu vermeiden. Zudem können präventive Maßnahmen die Arbeitsumgebung verbessern und die Mitarbeiterbindung stärken. Letztlich profitieren Unternehmen durch erhöhte Produktivität, reduzierte Fehlzeiten und eine insgesamt positive Unternehmenskultur.

Messung und Bewertung der Employee Experience im digitalen Zeitalter

Die Nutzung von Papier-Bleistift Fragebögen war gestern. Klar, Mitarbeiterbefragungen werden mittlerweile (fast) ausschließlich via digitalen Tools administriert. Doch durch die Vereinfachung der Nutzung von Surveys aller Art kommt es vermehrt zu einem sogenannten survey-fatigue, also einer geringeren Teilnamebereitschaft, da Umfragen zu häufig durchgeführt werden.

Wie so häufig steht also die richtige Anwendung solcher Tools im Vordergrund, nicht nur die grundsätzliche Nutzung. In den folgenden beiden Teilen dieses Kapitels werden konkrete Funktionen genannt, die bei dieser Art von Umfragen unterstützen – und zwar sowohl den einzelnen Mitarbeitenden wie auch die Organisation. Die Nutzung sinnvoll ausgewählter und passender KI-Methoden kann eine hilfreiche Unterstützung bei dem Daten-Management für HR-Professionals und Unternehmen sein.

4.1 Digitale Methoden und SaaS-Werkzeuge zur Erfassung der EX

Auch wenn Mitarbeiterbefragungen und Bestandsaufnahmen zur Erfassung der EX in Organisationen auf den ersten Blick sehr unternehmensspezifisch und recht simpel in der Durchführung erscheinen, sind unter Berücksichtigung des Arbeitsschutzgesetzes bestimmte Qualitätsstandards einzuhalten. Die Anforderungen der ISO-Norm 10075-3 (ISO, 2004) liefern hier mit Fokus auf Erfassung psychischer Gefährdungen Leitlinien und Anhaltspunkte, die nicht unähnlich zu Anforderungen an psychometrische Personalauswahlverfahren sind. Konkret bedeutet dies, dass die verwendeten Verfahren die Gütekriterien Reliabilität, Validität, und

R. T. Justenhoven und M. Jansen, *Employee Experience*, essentials, https://doi.org/10.1007/978-3-658-45771-6_4

Objektivität erfüllen sollten. Bei der Konstruktion oder Auswahl von Verfahren ist also darauf zu achten, dass sie konstant auch tatsächlich messen, was sie vorgeben zu messen. Darüber hinaus müssen sie unabhängig von den durchführenden oder auswertenden Personen sein. Die Verfahren müssen unter dem Gesichtspunkt der Praktikabilität dem konkreten Anwendungsfall ökonomisch gerecht werden können. Und schlussendlich benötigt es eine Dokumentation des gesamten Prozesses einschließlich involvierter Personen, verwendeter Messverfahren, Ergebnisse, und abgeleiteter Interventionen.

Wie auch in anderen Anwendungsbereichen im Personalkontext, bieten digitale Tools Unternehmen unterschiedlichster Größen und Fachgebiete zugängliche und skalierbare Möglichkeiten Messverfahren zu implementieren, welche die oben genannten Anforderungen erfüllen.

Besonders wichtig im Kontext der EX ist, dass digitale Tools die Datenauswertung und -rückmeldung erheblich vereinfachen und beschleunigen. Zeitnahe und zielgruppengerechte Ergebnisberichte an Stakeholder im Unternehmen sind die notwendige Grundlage für zielgerichtete Dateninterpretation und gegebenenfalls Ableitung von Maßnahmen. Dies ist oftmals eine der größten Schwachstellen traditioneller analoger oder nur teil-digitalisierter und stark organisationsfokussierter Ansätze. Motivations- und Vertrauensprobleme sowie geringe wahrgenommene Wertschätzung können entstehen, wenn aus Sicht der befragten Mitarbeitenden Zeit und Mühe aufgewendet werden, um persönliche, sensible Daten über das eigene Wohlbefinden und Wahrnehmungen des Arbeitsumfelds zu teilen, ohne dass ersichtlich ist, wie diese Daten weiterverarbeitet werden, welche Erkenntnisse daraus gewonnen wurden und was deren praktische Implikationen sind. Aufseiten der Unternehmen gehen mit der Datenauswertung oft erheblicher Zeit- und Ressourcenaufwand, wie auch gewisse Anforderungen an die Expertise im Umgang mit statistischen Analysen einher. Gleiches gilt für die fortlaufende Evaluation der Messverfahren basierend auf empirischen Daten.

Abhilfe können hier integrierte Software-as-a-Service (SaaS) Tools schaffen, die sowohl validierte Messinstrumente bereitstellen wie auch eine Plattform zur Ergebnisauswertung, -interpretation, und -rückmeldung an Stakeholder im Unternehmen sowie an teilnehmende Mitarbeitende. Automatisierte Datenauswertung und Berichterstellung reduzieren dabei nicht nur den Aufwand, sondern auch die Fehleranfälligkeit und verbessern den möglichen Detailgrad der Ergebnisberichte, besonders im Falle großer Datenmengen durch eine hohe Anzahl befragter Mitarbeitender oder durch einen hohen Detailgrad in der Erhebung.

Aktuelle SaaS Angebote im Bereich EX bieten vielfältige Möglichkeiten sämtliche Schritte im Prozess der EX-Messung an unternehmensspezifische

Bedürfnisse anzupassen. Digitale Tools sind zudem oft intuitiv und nutzerfreundlich gestaltet und bieten erhebliche zeitliche und räumliche Flexibilität, was die Akzeptanz und Nutzung sowohl durch Mitarbeitende wie auch durch Stakeholder erhöht.

Eine besondere Stärke liegt in der Möglichkeit sofortiger Ergebnisrückmeldungen an Teilnehmende, was Wahrnehmungen von Transparenz und darüber die Bereitschaft zur Teilnahme an zukünftigen Erhebungen merklich verbessern kann. Diese Effekte können durch personalisiertes Feedback mit Hervorhebung bestehender Stärken und Ressourcen sowie Hinweisen auf Lern- und Entwicklungsmöglichkeiten weiter verbessert werden, da die Teilnahme an EX-Surveys somit auch für Mitarbeitende direkten Mehrwert bietet. Relevant ist dies nicht nur für die Datenqualität und Teilnahmebereitschaft bei zukünftigen Umfragen, sondern auch in Hinblick auf die Nutzung und Förderung der individuellen, personenbezogenen Komponenten und Determinanten von EX wie z. B. Autonomie und Resilienz (siehe Kap. 2). Der durch die Ergebnisberichte generierte Mehrwert für individuelle Mitarbeitende kann für sich schon zu einer verbesserten EX beitragen und eine Kultur des fortlaufenden Lernens und individueller Entwicklung fördern.

Auf Seite des Unternehmens bieten Dashboards die Möglichkeit jederzeit auf Echtzeitdaten unterschiedlicher Aggregationsniveaus zuzugreifen, maßgeschneiderte Berichte zu erstellen, und Handlungsempfehlungen für verschiedene Teams, Abteilungen, oder das ganze Unternehmen abzuleiten. SaaS-Lösungen können all diese Funktionen in einer Plattform bieten, was es Stakeholdern erlaubt auf umfassende, konsistente Daten und Informationen zuzugreifen, um fundierte Entscheidungen zu treffen und zugleich Prozessanforderungen der Dokumentation und vertraulichen Datenspeicherung zu erfüllen. Ein weiterer Vorteil integrierter SaaS-Lösungen zur EX-Messung ist ein gegenüber traditionellen Messmethoden erheblich erleichterter Zugriff auf historische Daten und Betrachtung von Veränderungen im Zeitverlauf. Diese Informationen erleichtern die detaillierte Evaluation der Auswirkungen von Veränderungen und der Effektivität von Interventionen inklusive möglicher Unterschiede zwischen Gruppen innerhalb des Unternehmens und unterschiedlicher Phasen im Veränderungsprozess. Das Vorhandensein entsprechender Daten vorausgesetzt, ermöglicht dies Unternehmen mögliche zukünftige Risiken zu antizipieren, proaktiv auf die Bedürfnisse ihrer Mitarbeitenden einzugehen, und entsprechende Entscheidungen auf nachvollziehbar und auf fundierten Daten basierend zu treffen.

4.2 KI-gestützte Analyseverfahren im SaaS-Umfeld

Wissenschaftlich fundierte Messmethoden aus dem Bereich der Psychometrie, die in der Personalauswahl bereits fest etabliert sind, können auch im Kontext der EX erheblichen Mehrwert bieten. Besonders hervorzuheben sind dabei adaptive Mess- und Analysemodelle, die es erlauben, Datenerhebungen sowie Ergebnisberichte und Handlungsempfehlungen an das individuelle Profil einzelner Mitarbeitender anzupassen. Diese Modelle nutzen fortschrittliche Methoden, um personalisierte Einblicke und Empfehlungen zu generieren, die die spezifischen Bedürfnisse und Präferenzen der Mitarbeitenden berücksichtigen.

Parallel dazu bieten auch die unterschiedlichen Aggregationsniveaus in unternehmensseitigen Ergebnisberichten viel Raum für kontextspezifische Interpretationshinweise und Ansatzpunkte für Maßnahmen. Durch die Berücksichtigung von Team- und Abteilungsebene sowie übergeordneter Organisationsebene können gezielte Maßnahmen abgeleitet werden, die sowohl kurzfristige als auch langfristige Ziele und ein nachhaltiges EX-Management unterstützen.

Um solche Informationen bereitzustellen, kann es oftmals von Vorteil sein, unterschiedliche Datenquellen zu kombinieren. Geeignet sind hierfür unter anderem historische Daten vorheriger Mitarbeiterbefragungen, interne Unternehmensdaten wie Leistungsbeurteilungen, Anforderungsprofile, Fehlzeitstatistiken oder auch Lern- und Entwicklungsressourcen. Externe Datenquellen, zu denen (Branchen-)Benchmarks, demografische Daten und wirtschaftliche Indikatoren zählen, können ebenfalls wertvolle Vergleichswerte und Kontextinformationen liefern. Diese Vielfalt an Datenquellen ermöglicht eine umfassende Sicht auf die Employee Experience und unterstützt die Entwicklung evidenzbasierter Strategien zur Verbesserung des Arbeitsumfelds.

Auch die Integration solcher unterschiedlicher Datenquellen erfordert gewisse Expertise. Ein Großteil der Komplexität entsteht nicht durch die Menge an Daten, sondern in der Anzahl unterschiedlicher Variablenkombinationen mit unterschiedlichen Datenformaten. Die Herausforderung liegt dann in der Zusammenführung und Konsolidierung dieser Daten, um konsistente und verwertbare Informationen zu erzeugen. Gleiches gilt für die Einbindung firmenspezifischer bzw. dem Unternehmenskontext angepasster Interpretationshinweise, Tipps und Ressourcen. Fundierte und skalierbare Datenmanagement- und Datenintegrationsstrategien spielen daher eine entscheidende Rolle bei der erfolgreichen Umsetzung digitalen EX-Managements.

SaaS-Plattformen können die notwendigen Tools und Kapazitäten bereitstellen, um trotz komplexer Datenstrukturen, multipler Datenquellen und unternehmensspezifischer Anwendungsbereiche mittels automatisierter Analyseverfahren kontinuierlich Echtzeitdaten und adaptive Interpretationshinweise zu generieren. Diese Plattformen ermöglichen es, dynamische Dashboards und interaktive Berichte zu erstellen, die den Nutzern jederzeit aktuelle und relevante Informationen bieten. Darüber hinaus können solche Systeme basierend auf den analysierten Daten und erkannten Mustern proaktiv Empfehlungen aussprechen und Best Practices vorschlagen.

Insgesamt können digitale Messmethoden und Analyseverfahren dazu beitragen, die Employee Experience zu verbessern und optimieren, indem sie fundierte und personalisierte Einblicke liefern, die zu einer höheren Zufriedenheit, Engagement und Produktivität der Mitarbeitenden führen.

Fazit

Digitale Tools und SaaS Plattformen bieten Unternehmen von KMUs bis hin zu multinationalen Konzernen flexible und skalierbare Möglichkeiten für die Messung und das Management der Employee Experience (EX) und die Durchführung einer Gefährdungsbeurteilung psychischer Belastungen (GBU Psyche). Für HR-Professionals ist es entscheidend, praktikable Verfahren zu nutzen, die wirtschaftlich umsetzbar sind und dabei die von der ISO-Norm 10075-3 vorgegebenen und wissenschaftlich begründeten Gütekriterien wie Objektivität, Reliabilität, und Validität erfüllen. Digitale Verfahren und integrierte SaaS-Lösungen bieten hier erhebliche Vorteile, da sie die Datenauswertung und -rückmeldung erheblich vereinfachen, was auch Transparenz und Vertrauen fördert. Diese Tools ermöglichen Echtzeit-Zugriff auf Daten, erleichtern die Erstellung maßgeschneiderter Berichte und unterstützen handlungsorientierte Auswertungen und die kontinuierliche Evaluation der Messverfahren durch Integration vielfältiger Datenquellen. Besonders hervorzuheben ist das Potenzial von künstlicher Intelligenz (KI) in der Erstellung personalisierter Einblicke und Empfehlungen für Unternehmen und Mitarbeitende, was die Mitarbeiterzufriedenheit und -bindung nachhaltig stärkt. Sofortige Ergebnisrückmeldungen und personalisiertes Feedback steigern die Transparenz und fördern eine Kultur des fortlaufenden Lernens und der individuellen Entwicklung. Für HR-Professionals bedeutet dies, dass moderne digitale Ansätze nicht nur die Qualität der EX-Messung verbessern, sondern auch zu fundierten Entscheidungen zur Steigerung der Mitarbeiterzufriedenheit und -bindung führen und langfristig eine positive Unternehmenskultur fördern können.

Die Rolle der Künstlichen Intelligenz (KI)

Um den vielfältigen Anwendungskontexten von EX-Management Plattformen sowie dem Umfang der Daten und erforderlichen Detailgrad der Auswertung gerecht werden zu können, nutzen SaaS Anbieter zunehmend Technologien, die künstlicher Intelligenz (KI) zugeordnet werden können. Im Folgenden werden einige der aktuell prominentesten und für EX relevantesten Technologien sowie deren Anwendungsgebiete dargestellt.

5.1 Grundlagen der KI und ihrer Anwendung in der EX

Ein Kernmerkmal vieler KI-Anwendungen ist die Möglichkeit Erkenntnisse aus Beispieldaten oder Daten laufender Prozesse auf neue Datensätze zu übertragen. Dies wird als Maschinelles Lernen (ML) bezeichnet und ist ein Teilgebiet der KI, dem unterschiedliche methodische Ansätze und Algorithmen zugeordnet werden können. Je nach spezifischem Ansatz lernen ML-Modelle komplett eigenständig (unsupervised) oder durch Menschen kontrolliert (supervised). Der Vorteil von ML liegt in der Fähigkeit in großen Datenmengen Muster und Zusammenhänge zu erkennen. Stets zu beachten ist hierbei der wissenschaftliche Leitsatz, dass eine Korrelation nicht gleich einer Kausalität ist. Das bedeutet, dass nur aufgrund der Beobachtung, dass zwei Ereignisse miteinander einhergehen, nicht immer klar ist, welches Ereignis das andere bedingt, oder ob überhaupt ein ursächlicher Zusammenhang besteht. Die Arbeit mit ML-Modellen erfordert also etwas Fingerspitzengefühl und Kenntnis der zugrunde liegenden Technik mit ihren spezifischen Stärken und Schwächen. Korrekt implementiert und als Teil

R. T. Justenhoven und M. Jansen, *Employee Experience*, essentials, https://doi.org/10.1007/978-3-658-45771-6_5

eingesetzt, ermöglicht ML im Kontext der EX die Vorhersage von Verhalten und Bedürfnissen von Mitarbeitenden. Das ermöglicht es Unternehmen problematische Entwicklungen, wie zum Beispiel ein steigendes Fluktuationsrisiko in bestimmten Organisationseinheiten, frühzeitig zu erkennen und entsprechend zu reagieren.

Eine weitere bedeutende Technologie, die im EX-Management eingesetzt wird, ist die natürliche Sprachverarbeitung (NLP). NLP ermöglicht es, unstrukturierte Textdaten wie zum Beispiel Mitarbeiterfeedback in offenen Kommentaren als Dateneingabe zu analysieren. NLP-Modelle sind meist aufgabenspezifisch und erfordern dem Anwendungsbereich entsprechende Entwicklungsschritte, wozu vordefinierte Entscheidungsregeln oder, bei Verwendung von ML, vorstrukturierte Trainingsdaten gehören. Unter anderem können automatisierte Übersetzungssysteme sowie Tools zur Textklassifikation NLP zugeordnet werden. Eine aktuell besonders relevante Subkategorie von NLP sind sog. Large Language Models (LLM) auf denen Systeme wie OpenAIs ChatGPT oder Googles BERT basieren. LLMs sind vor allem durch die großen Mengen zugrunde liegender Trainingsdaten gekennzeichnet, was es ihnen erlaubt unterschiedliche Arten von Text- oder Sprachinhalten aus unterschiedlichen Fachbereichen zu verarbeiten und zu kombinieren. Ausgegebene Textinhalte können somit auch der Dateneingabe entsprechend kontextualisiert sein, was LLMs sehr flexibel in ihren möglichen Anwendungsgebieten macht.

Generative KI (genAI) stellt die jüngste Entwicklung im Bereich dieser Technologien dar und beschreibt Systeme, die über die Restrukturierung oder inhaltliche Anpassung von Eingabedaten hinaus neue Inhalte in Text-, Audio-, oder Video generieren können. Dies eröffnet auch neue Möglichkeiten für die EX. GenAI-Modelle können maßgeschneiderte Interpretationen und Handlungsempfehlungen erstellen, die auf die spezifischen Bedürfnisse von Unternehmen oder auch einzelnen Mitarbeitenden zugeschnitten sind. Diese Technologie kann in verschiedenen Bereichen Anwendung finden, von der automatisierten Erstellung von Lernmaterialien bis hin zur Bereitstellung von personalisierten Karriereentwicklungsplänen. Durch den Einsatz von genAI können Unternehmen eine hochgradig individuelle und ansprechende Employee Experience schaffen. Diese Systeme können maßgeblich dazu beitragen, Mitarbeitende in ihrer persönlichen und professionellen Weiterentwicklung zu unterstützen und unabhängiger zu machen. Die Bereitstellung derartiger Ressourcen und deren Nutzung durch Mitarbeitende kann maßgeblich zu einer Stärkung der Lernkultur in Unternehmen beitragen und Mitarbeitende darin unterstützen individuelle Komponenten ihrer EX eigenständig zu beobachten und gegebenenfalls zu verbessern.

5.2 Fallbeispiel: Auswertung offener Frageformate

Standardisierte Mess- und Analyseverfahren sind Kernelement objektiver, reliabler und valider Datenerhebungen wie sie zum Beispiel im Rahmen der ISO-Norm 100075-3 zur GBU Psyche gefordert werden und sind auch für ein systematisches und nachvollziehbares EX-Management unabdingbar. Aufgrund der insbesondere auf Personenebene hohen Individualität und Subjektivität von EX, sind Freitextfelder von Mitarbeitenden eine wertvolle Datenquelle für Unternehmen. Die Möglichkeit im Rahmen standardisierter Messverfahren auch freie Textkommentare abgeben zu können, macht den Prozess für Mitarbeitende deutlich ansprechender, was die Teilnahmebereitschaft verbessern kann. Kommentare ermöglichen es Mitarbeitenden nicht nur in eigenen Worten Verbesserungswünsche und spezifische Arbeitsplatzprobleme anzusprechen, sondern auch aktiv Veränderungsvorschläge zu machen und Wünsche zu äußern.

Notwendig für die Bereitschaft Kommentare beizutragen, sowie Grundvoraussetzung aus Datenschutzperspektive ist, dass die Inhalte vertraulich und anonymisiert behandelt werden. Für Unternehmen bieten Kommentare tiefere Einblicke in das individuelle Erleben am Arbeitsplatz, die helfen können die Ergebnisse standardisierter Messverfahren zu kontextualisieren. Die Kombination dieser Informationen kann die Dateninterpretation maßgeblich bereichern und auch die Ableitung möglicher Maßnahmen und Veränderungen erleichtern.

Die Erfassung von Freitextdaten kann Unternehmen vor nicht zu unterschätzende Herausforderungen in der Datenverarbeitung und -auswertung stellen. Es können auch bei scheinbar kleinen Projekten, Teams, und Unternehmen schnell große Mengen an Textdaten anfallen. Aufgrund der unstrukturierten Natur der Daten, gehen auch erste Schritte der Kategorisierung, inhaltlichen Gruppierung und Identifikation von Themen und Trends mit erheblichem Aufwand einher. Die systematische und objektive Auswertung von Textdaten ist auch in Hinblick auf die Prozessgestaltung und Dokumentation, sowie die Einhaltung von Datenschutzanforderungen nicht zu unterschätzen. Unter diesen Komplexitäten leidet oft die Auswertung von Freitextdaten, was wiederum deren Nutzen erheblich einschränken kann. Ein prominentes Beispiel hierfür sind Word-Clouds, welche zwar häufig anzutreffen sind, in der Praxis jedoch über einen ersten kurzen Überblick hinaus kaum Mehrwert bieten. Im Kern basieren Word-Clouds auf Häufigkeitszählungen, die den Kontext der genannten Worte ignorieren. Sie sind daher bestenfalls für einen ersten Überblick und die Präsentation genannter Themen geeignet, jedoch nicht für weiterführende Analysen und tiefergehende Erkenntnisse.

KI-gestützte Textanalyse kann Unternehmen in detaillierteren Auswertungen von Freitextantworten unterstützen. Selbst vergleichsweise einfache Systeme können zum Beispiel durch automatische Gruppierung von Antworten den Auswertungsaufwand merklich reduzieren. Um den Mehrwert von Freitextantworten voll auszuschöpfen sind jedoch KI-Systeme notwendig, welche die Expertise von Personen mit sehr hohem Niveau fachspezifischer Kenntnisse (Subject Matter Experts, SMEs) widerspiegeln. Solche sog. Expert Knowledge Systems (EKS) können die Daten auch in Hinblick auf deren Relevanz und Bedeutung im breiteren Kontext der EX auswerten und entsprechende Interpretationshinweise bieten. Solche Analysen gehen über die Zusammenfassung oder Gruppierung basierend auf inhaltlichen Aspekten hinaus und bieten deutlich mehr inhaltliche Tiefe wie auch praktische Relevanz.

Wie bei einem guten menschlichen Interviewer sind auch bei Expert Knowledge Systems die theoretische und empirische Wissensgrundlage und Güte des Beurteilungsprozesses ausschlaggebend für die Qualität der Daten und aus ihnen resultierenden Entscheidungen. Dazu gehört auch, dass Validierungs- und Evaluierungsschleifen fester Bestandteil des Systems und dessen Anwendungskontexts sind (Abb. 5.1).

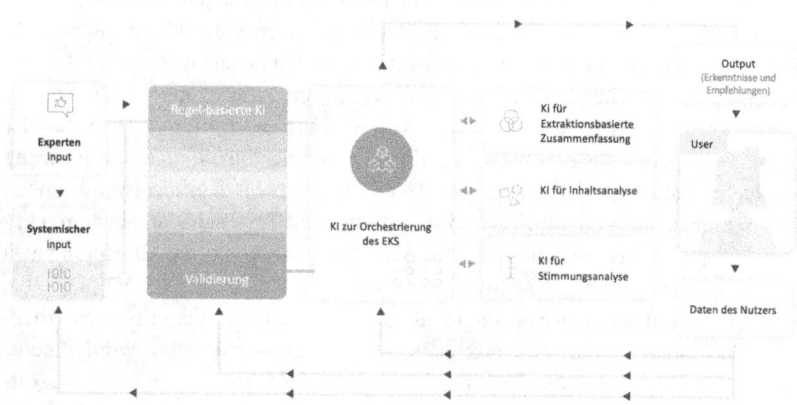

Abb. 5.1 Beispiel eines Expert Knowledge Systems

5.3 Potenziale und Grenzen der KI in der EX

In der Entwicklung und im Einsatz von EKS sind diverse Prozess- und Qualitätsaspekte zu beachten. Wie auch menschliche Beurteiler lernen EKS-Systeme oft aus historischen Daten, die systematische Verzerrungen und Vorurteile enthalten können. Die Nutzung von KI beseitigt diese Verzerrungen nicht unbedingt automatisch und kann sie im schlimmsten Fall unbemerkt auf immer größere Datenmengen übertragen. Ähnlich wie in der Personalauswahl kann dies auch im Kontext der EX dazu führen, dass bestimmte Gruppen von Mitarbeitenden aufgrund von Geschlecht, Alter oder ethnischer Zugehörigkeit benachteiligt werden. Beispiele sind unterschiedliche Gewichtungen der Kommentare in Abhängigkeit von Personeneigenschaften oder Bevorzugung bestimmter Gruppen von Mitarbeitenden in der Ableitung von Verbesserungsmaßnahmen. Eng damit verbunden, sind auch ethische Überlegungen ein zentraler Aspekt der Nutzung von KI-Systemen. Systeme wie EKS können sensible Informationen über Mitarbeitende sammeln und analysieren, was Fragen der Transparenz und Zustimmung aufwirft. Es ist wichtig, dass Mitarbeitende wissen, wie ihre Daten verwendet werden und dass sie der Nutzung zustimmen. Regulatorische Rahmenwerke wie die EU-KI-Verordnung oder die EU-Richtlinien für ethische KI können die Entwicklung und Implementierung von EKS leiten oder auch bei der Auswahl geeigneter Software-Anbieter helfen.

Ein weiterer kritischer Punkt ist der Datenschutz. Die Erfassung und Verarbeitung von Mitarbeiterdaten muss den geltenden Datenschutzgesetzen wie zum Beispiel der Datenschutz-Grundverordnung (DSGVO) in der EU entsprechen. Dies umfasst die sichere Speicherung der Daten, die Anonymisierung personenbezogener Informationen und die Begrenzung des Zugriffs auf nur diejenigen, die die Informationen tatsächlich benötigen. Ein Verstoß gegen Datenschutzbestimmungen kann nicht nur rechtliche Konsequenzen für Unternehmen haben, sondern auch das Vertrauen der Mitarbeitenden erheblich beeinträchtigen.

Bei allen Bedenken, besteht jedoch auch die Möglichkeit, dass qualitativ hochwertige KI-Systeme helfen können unbewusste Vorurteile und systematische Gruppenunterschiede in Unternehmen zu erkennen und Handlungsempfehlungen auszusprechen. Auch die Möglichkeit der individuellen Förderung einzelner Personen durch personalisiertes Feedback kann dabei helfen allen Mitarbeitenden unabhängig von deren Hintergrund und Identität vergleichbare Chancen auf persönliches und professionelles Wachstum im Rahmen der individuellen Möglichkeiten zu bieten.

►**Transparente Kommunikation** Offene und klare Information der Mitarbeitenden über den Einsatz und die Zwecke der KI-Technologien und die Verwendung der erhobenen Daten.

►**Einhaltung ethischer Richtlinien** Sicherstellen, dass die KI-Anwendungen der SaaS-Anbieter ethischen und regulatorischen Vorgaben entsprechen.

►**Datenschutz gewährleisten** Strenge Maßnahmen zum Schutz der Mitarbeiterdaten implementieren und sicherstellen, dass die SaaS-Anbieter geltende Datenschutzbestimmungen und -vereinbarungen einhalten.

►**Mitarbeitende einbeziehen** Mitarbeitende in den Auswahl- und Implementierungsprozess der SaaS-Lösungen einbinden, um deren Akzeptanz und Vertrauen zu fördern.

►**Anbieterauswahl und -bewertung** Sorgfältige Auswahl und Evaluation der SaaS-Anbieter, um sicherzustellen, dass ethische und datenschutzbezogene Standards eingehalten werden und transparent mit.

Abschließende Gedanken 6

In diesem essential haben wir die zentrale Rolle der Employee Experience beleuchtet, die vor allem durch das Zusammenspiel mit der psychischen Gefährdungsbeurteilung einen substantiellen Beitrag zum Unternehmenserfolg beitragen kann.

Die Bedeutung einer positiven Employee Experience für den Unternehmenserfolg kann nicht genug betont werden. Mitarbeiterzufriedenheit, -engagement und -bindung sind entscheidende Faktoren, die durch eine gut gestaltete EX maßgeblich beeinflusst werden. Unternehmen, die in ihre EX investieren, profitieren von einer motivierteren und loyaleren Belegschaft.

Die systematische Durchführung von psychischen Gefährdungsbeurteilungen wiederum ist essenziell und rechtlich bindend, um psychische Risiken am Arbeitsplatz zu identifizieren und zu mindern. Dies führt zu einer gesünderen und produktiveren Arbeitsumgebung, was sich positiv auf die allgemeine Unternehmenskultur auswirkt.

KI-Technologien bieten vielfältige Möglichkeiten, die EX so zu personalisieren, dass eine Integration von EX und GBU Psyche nahtlos möglich ist. Von der Analyse offener Feedbacks bis hin zur Entwicklung präziser Interventionsstrategien – KI kann helfen, die Bedürfnisse der Mitarbeitenden besser zu verstehen und gezielte Maßnahmen zur Steigerung ihres Wohlbefindens zu ergreifen.

Hierbei ist es unerlässlich, strenge Datenschutzrichtlinien einzuhalten, um die Privatsphäre der Mitarbeitenden zu schützen. Der verantwortungsvolle Umgang mit Daten ist ein Muss, um das Vertrauen der Belegschaft zu wahren. KI-Systeme und -Prozesse sollten darauf abzielen, die menschlichen Aspekte der Arbeit zu ergänzen und zu bereichern, anstatt sie zu ersetzen. Besonders im Kontext der

R. T. Justenhoven und M. Jansen, *Employee Experience*, essentials, https://doi.org/10.1007/978-3-658-45771-6_6

EX ist es wichtig, dass KI die zwischenmenschlichen Beziehungen und das menschliche Wohlbefinden fördert anstatt ersetzt.

Die EX wird sich kontinuierlich weiterentwickeln, getrieben durch technologische Innovationen und ein wachsendes Bewusstsein für die Bedeutung der psychischen Gesundheit am Arbeitsplatz. Unternehmen müssen sich dieser Dynamik anpassen und ihre Strategien entsprechend weiterentwickeln. Die Anpassung der EX-Strategien an veränderte Arbeitsbedingungen und -modelle, wie Remote-Arbeit und hybride Arbeitsplatzmodelle, ist unerlässlich. Flexibilität und Agilität sind Schlüsselkomponenten, um den neuen Anforderungen gerecht zu werden und eine positive EX zu gewährleisten.

Unternehmen sollten die Integration von psychischer Gefährdungsbeurteilung und KI als eine fortlaufende Chance zur Verbesserung der Arbeitswelt sehen. Proaktive Maßnahmen zur Förderung einer positiven EX sind entscheidend. Kontinuierliche Überprüfung und Anpassung der EX-Strategien sind notwendig, um eine Arbeitsumgebung zu schaffen, die sowohl die Bedürfnisse der Mitarbeitenden als auch die Ziele des Unternehmens erfüllt.

Die kontinuierliche Verbesserung der EX ist nicht nur ein Ziel, sondern ein fortwährender Prozess. Indem Unternehmen diese Prinzipien verinnerlichen und in die Praxis umsetzen, können sie eine nachhaltige und erfolgreiche Zukunft gestalten.

Was Sie aus diesem *essential* mitnehmen können

- Ein grundlegendes Verständnis von Employee Experience als Konstrukt mit personen- und umgebungsbezogenen Einflussfaktoren und wie diese zusammenwirken
- Betrachtung der Schnittstellen von Employee Experience Management mit Gefährdungsbeurteilungen psychischer Belastungen
- Einen Überblick über die Rolle digitaler Messmethoden für Echtzeit-Datenauswertungen
- Anhaltspunkte für die erfolgreiche und verantwortungsvolle Auswahl und Nutzung von künstlicher Intelligenz im Employee Experience Management

R. T. Justenhoven und M. Jansen, *Employee Experience*, essentials, https://doi.org/10.1007/978-3-658-45771-6

Literatur

Alimo-Metcalfe, B., Alban-Metcalfe, J., Bradley, M., Mariathasan, J., & Samele, C. (2008). The impact of engaging leadership on performance, attitudes to work and wellbeing at work: A longitudinal study. *Journal of health organization and management, 22*(6), 586–598.

Bakker, A. B., & Demerouti, E. (2007). The job demands-resources model: State of the art. *Journal of managerial psychology, 22*(3), 309–328.

Bardoel, E. A., Pettit, T. M., De Cieri, H., & McMillan, L. (2014). Employee resilience: An emerging challenge for HRM. *Asia Pacific Journal of Human Resources, 52*(3), 279–297.

Barhate, B., & Dirani, K. M. (2022). Career aspirations of generation Z: A systematic literature review. *European Journal of Training and Development, 46*(1/2), 139–157.

Benitez-Marquez, M. D., Sanchez-Teba, E. M., Bermudez-Gonzalez, G., & Nunez-Rydman, E. S. (2022). Generation Z within the workforce and in the workplace: A bibliometric analysis. *Frontiers in psychology, 12*, 736820.

Bentley, Tim Andrew, Stephen TT Teo, Laurie McLeod, Felix Tan, Rachelle Bosua, 7 Marianne Gloet (2016). The role of organisational support in teleworker wellbeing: A sociotechnical systems approach. *Applied ergonomics, 52*, 207–215.

Bretschneider, M., Drössler, S., Magister, S., Zeiser, M., Kämpf, D., & Seidler, A. (2020). Digitalisierung und Psyche–Rahmenbedingungen für eine gesunde Arbeitswelt. Ergebnisse des Projektes GAP. Zeitschrift für Arbeitswissenschaft. https://link.springer.com/article/10.1007/s41449-020-00206-x.

Britt, T. W., Shen, W., Sinclair, R. R., Grossman, M. R., & Klieger, D. M. (2016). How much do we really know about employee resilience? *Industrial and Organizational Psychology, 9*(2), 378–404.

Burke, J., & Maceli, M. (2016). Technology skills in the workplace: Information professionals' current use and future aspirations. *Information Technology and Libraries, 35*(4), 35–62.

Christofi, M., Pereira, V., Vrontis, D., Tarba, S., & Thrassou, A. (2021). Agility and flexibility in international business research: A comprehensive review and future research directions. *Journal of World Business, 56*(3), 101194.

Connor, K. M., & Davidson, J. R. (2003). Development of a new resilience scale: The Connor-Davidson resilience scale (CD-RISC). *Depression and anxiety, 18*(2), 76–82.

Deci, E. L., & Ryan, R. M. (1985). *Intrinsic motivation and self-determination in human behavior*. Plenum.

Deci, E. L., Olafsen, A. H., & Ryan, R. M. (2017). Self-determination theory in work organizations: The state of a science. *Annual review of organizational psychology and organizational behavior, 4*, 19–43.

Diener, E., Napa Scollon, C., & Lucas, R. E. (2009). *The evolving concept of subjective well-being: The multifaceted nature of happiness. Assessing well-being: The collected works of Ed Diener* (S. 67–100).

Donati, S., Viola, G., Toscano, F., & Zappalà, S. (2021). Not all remote workers are similar: Technology acceptance, remote work beliefs, and wellbeing of remote workers during the second wave of the COVID-19 pandemic. *International journal of environmental research and public health, 18*(22), 12095.

Dweck, C. S., & Yeager, D. S. (2019). Mindsets: A view from two eras. *Perspectives on Psychological Science*. https://doi.org/10.1177/1745691618804166.

EU-OSHA. (2021). EU Strategic Framework on Health and Safety at Work 2021–2027 | Safety and health at work EU-OSHA. Osha.europa.eu. https://osha.europa.eu/en/safety-and-health-legislation/eu-strategic-framework-health-and-safety-work-2021-2027.

EU-OSHA. (2023). Psychosoziale Risiken und psychische Gesundheit bei der Arbeit. Osha.europa.eu. https://osha.europa.eu/de/themes/psychosocial-risks-and-mental-health.

George, T. J., Atwater, L. E., Maneethai, D., & Madera, J. M. (2022). Supporting the productivity and wellbeing of remote workers: Lessons from COVID-19. *Organizational Dynamics, 51*(2), 100869.

Goodman, E. A., & Boss, R. W. (2002). The phase model of burnout and employee turnover. *Journal of Health and Human Services Administration, 25*(1), 33–47.

Gragnano, A., Simbula, S., & Miglioretti, M. (2020). Work–life balance: Weighing the importance of work–family and work–health balance. *International journal of environmental research and public health, 17*(3), 907.

Hamburg, I. (2019). Implementation of a digital workplace strategy to drive behavior change and improve competencies. *Strategy and Behaviors in the Digital Economy, 13*, 19–34.

Hayes, S. W., Priestley, J. L., Moore, B. A., & Ray, H. E. (2021). Perceived stress, work-related burnout, and working from home before and during COVID-19: An examination of workers in the United States. *SAGE Open, 11*(4), 21582440211058190.

Hu, T., Zhang, D., & Wang, J. (2015). A meta-analysis of the trait resilience and mental health. *Personality and Individual Differences, 76*, 18–27. https://doi.org/10.1016/j.paid.2014.11.039.

Isham, A., Mair, S., & Jackson, T. (2021). Worker wellbeing and productivity in advanced economies: Re-examining the link. *Ecological Economics, 184*, 106989.

ISO. (2004). *ISO 10075-3:2004(E). Ergonomic principles related to mental workload – Part 3: Principles and requirements concerning methods for measuring and assessing mental workload*. ISO copyright office.

ISO. (2017). *ISO 10075-1:2017(E). Ergonomic principles related to mental workload – Part 1: General issues and concepts, terms and definitions*. ISO copyright office.

Kaluza, A. J., Boer, D., Buengeler, C., & van Dick, R. (2020). Leadership behaviour and leader self-reported well-being: A review, integration and meta-analytic examination. *Work & Stress, 34*(1), 34–56.

Karimikia, H., & Singh, H. (2019). A meta-analysis of the negative outcomes of ICT use at work, incorporating the role of job autonomy. In *Proceedings of the 27th European Conference on Information Systems (ECIS 2019)*. Stockholm-Uppsala, Sweden.

Kirchmayer, Z., & Fratričová, J. (2020). What motivates generation Z at work? Insights into motivation drivers of business students in Slovakia. *Proceedings of the Innovation management and education excellence through vision, 6019*, 6030.

Kooij, D. T., & Boon, C. (2018). Perceptions of HR practices, person–organisation fit, and affective commitment: The moderating role of career stage. *Human Resource management journal, 28*(1), 61–75.

Laker, B., Pereira, V., Budhwar, P., & Malik, A. (2022). *The surprising impact of meeting-free days*. MIT Sloan Management Review.

Lan, Y. L., Huang, W. T., Kao, C. L., & Wang, H. J. (2020). The relationship between organizational climate, job stress, workplace burnout, and retention of pharmacists. *Journal of Occupational Health, 62*(1), e12079.

Lesener, T., Gusy, B., Jochmann, A., & Wolter, C. (2020). The drivers of work engagement: A meta-analytic review of longitudinal evidence. *Work & Stress, 34*(3), 259–278.

Leslie, B., Anderson, C., Bickham, C., Horman, J., Overly, A., Gentry, C., & King, J. (2021). Generation Z perceptions of a positive workplace environment. *Employee Responsibilities and Rights Journal, 33*, 171–187.

Linden, D. V. D., Keijsers, G. P., Eling, P., & Schaijk, R. V. (2005). Work stress and attentional difficulties: An initial study on burnout and cognitive failures. *Work & Stress, 19*(1), 23–36.

Lovejoy, M., Kelly, E. L., Kubzansky, L. D., & Berkman, L. F. (2021). Work redesign for the 21st century: Promising strategies for enhancing worker well-being. *American Journal of Public Health, 111*(10), 1787–1795.

Ludike, J. (2018). Digital employee experience engagement paradox: Futureproofing retention practice. *Psychology of retention: Theory, research and practice*, 55–73.

Madlock, P. E. (2008). The link between leadership style, communicator competence, and employee satisfaction. *The Journal of Business Communication*(1973), 45(1), 61–78.

Maran, T. K., Liegl, S., Davila, A., Moder, S., Kraus, S., & Mahto, R. V. (2022). Who fits into the digital workplace? Mapping digital self-efficacy and agility onto psychological traits. *Technological Forecasting and Social Change, 175*, 121352.

Marsh, E., Vallejos, E. P., & Spence, A. (2022). The digital workplace and its dark side: An integrative review. *Computers in Human Behavior, 128*, 107118.

Maylett, T., & Wride, M. (2017). *The employee experience: How to attract talent, retain top performers, and drive results*. Wiley.

Meyer, B., Zill, A., Dilba, D., Gerlach, R., & Schumann, S. (2021). Employee psychological well-being during the COVID-19 pandemic in Germany: A longitudinal study of demands, resources, and exhaustion. *International Journal of Psychology, 56*, 532–550. https://doi.org/10.1002/IJOP.12743.

Microsoft WTI. (2022). *Great expectations: Making hybrid work work*. Microsoft WorkLab: Work Trend Index 2022.

Money, K., Hillenbrand, C., & Camara, N. (2009). Putting positive psychology to work in organisations. *Journal of General Management, 34*, 31–36.

Niedhammer, I., Bertrais, S., & Witt, K. (2021). Psychosocial work exposures and health outcomes: A meta-review of 72 literature reviews with meta-analysis. *Scandinavian journal of work, environment & health, 47*(7), 489.

Pipe, T. B., Buchda, V. L., Launder, S., Hudak, B., Hulvey, L., Karns, K. E., & Pendergast, D. (2012). Building personal and professional resources of resilience and agility in the healthcare workplace. *Stress and Health, 28*(1), 11–22.

Seligman, M. (2010). Flourish: Positive psychology and positive interventions. *The Tanner lectures on human values, 31*(4), 1–56.

Seligman, M., Steen, T., Park, N., & Peterson, C. (2005). Positive psychology progress: Empirical validation of interventions. *The American psychologist, 60*(5), 410–421.

Stempel, C. R., & Siestrup, K. (2022). Suddenly telework: Job crafting as a way to promote employee well-being? *Frontiers in psychology, 12*, 790862.

Tonkin, K., Malinen, S., Näswall, K., & Kuntz, J. C. (2018). Building employee resilience through wellbeing in organizations. *Human resource development quarterly, 29*(2), 107–124.

Wang, F., Guo, J., & Yang, G. (2023). Study on positive psychology from 1999 to 2021: A bibliometric analysis. *Frontiers in Psychology, 14*.

Wood, J., Oh, J., Park, J., & Kim, W. (2020). The relationship between work engagement and work–life balance in organizations: A review of the empirical research. *Human Resource Development Review, 19*(3), 240–262.

Yeager, D. S., & Dweck, C. S. (2020). What can be learned from growth mindset controversies? *American psychologist, 75*(9), 1269.

Zwingmann, I., Wegge, J., Wolf, S., Rudolf, M., Schmidt, M., & Richter, P. (2014). Is transformational leadership healthy for employees? A multilevel analysis in 16 nations. *German Journal of Human Resource Management, 28*(1–2), 24–51.

Printed in the USA
CPSIA information can be obtained
at www.ICGtesting.com
CBHW060847090924
14227CB00022B/658